RAB WILSON was born in New Cumnock, Ayrshire, in 1960 and worked in the Ayrshire pits until the end of the Miner's Strike of 1984. He then left the mining industry and became a psychiatric nurse. A Scots poet, Rab writes predominantly in Lallans, and his poetry has appeared in some of Scotland's leading poetry magazines, and regularly in the *Herald* newspaper's daily poetry column. He has performed his work to varied audiences throughout Scotland and has appeared at the Edinburgh Fringe Festival, the Robert Burns International Festival, the Burns An' A' That Festival and was recently a featured poet at the Wigtown Book Festival. Rab was one of the recipients of the 2003 McCash Poetry Prize and is currently a member of the Scots Language Society's National Committee. He now lives in the town of Sanquhar, Dumfriesshire with his wife Margaret and daughter Rachel.

D1386908

The Ruba'iyat of
Omar Khayyam
in Scots

RAB WILSON

Luath Press Limited
EDINBURGH
www.luath.co.uk

First published 2004

The paper used in this book is recyclable. It is made from
low-chlorine pulps produced in a low-energy, low-emission manner
from renewable forests.

The publisher acknowledges subsidy from

towards the publication of this volume.

Printed and bound by
DigiSource (GB) Ltd., Livingston

Illustrations by Neal A.S. Cranston, nealcranston@yahoo.com

Typeset in 10 point Sabon by
S. Fairgrieve, Edinburgh 0131 658 1763

This buik is dedicated tae ma wife Margaret an ma dochter Rachel.

It is alsae fir aa the ither Khayyams that ah hae met oan the lang rollin road o nae return.

Contents

Introduction

'Myself when young did eagerly frequent
Doctor and saint and heard great argument
About it and about: but evermore
Came out by the same Door as in I went.'

I WAS ABOUT twenty-two years of age when I first heard of Omar Khayyam. Six years previously I left school and commenced an engineering apprenticeship with, the then, National Coal Board. After failing almost every theoretical and practical exam they could devise for me I was eventually consigned to a dead-end menial job on the pithead. One day, in the workshop where I was now based, an older, wiser colleague repeated the above stanza to me. I have always loved poetry and literature and I was entranced by the profundity of this intriguing quatrain. I asked where it came from and who had written it but being a good teacher he left me to find out the answer. Thus began my life-long love affair with *The Ruba'iyat of Omar Khayyam*.

Years passed and my interest in the *Ruba'iyat* grew and deepened. Life moved on, I married, moved house, had a family and changed careers but during this time I never forgot Omar.

That a Scots version of the *Ruba'iyat* was possible had occurred to me. Yet I felt, due to a strange allegiance to Fitzgerald's verse, that it would be wrong to re-work his version of the *Ruba'iyat*. Working as a nurse I was serendipitously introduced to a literal translation of the *Ruba'iyat* by Peter Avery and John Heath-Stubbs. The discovery of a literal translation immediately fired my imagination. Here was the opportunity that I had been waiting for. My aim was to convert these immortal quatrains into Lowland Scots. I firmly believed that profound ideas expressing some of the great metaphysical problems of life and death could be expressed in the everyday language of the street.

In an age where established beliefs are increasingly eroded the *Ruba'iyat* represents a set of guidelines adaptable to modern life. It encourages us to make the most of our lives by accepting the bad times and enjoying the good. In his appreciation of this ideal Fitzgerald, like Omar, was far ahead of his time.

My vision was to use a simple language that ordinary folk would understand without losing any of the magic, mysticism, wonder and profundity of the original. The following three versions of the same quatrain (no.60 in Fitzgerald's second edition and no.48 in both the Penguin Literal Translation and my version in Scots) shows how the work has evolved. The new work in Scots restores some of that 'simplicity' of the original. It shows that the fundamental problems of everyday existence have not really changed for any of us over the last thousand years.

Penguin Literal Translation:
    I saw an old man in the wine shop,
    I said, 'Have you any news of those who have gone?'
    He replied, 'Take some wine, because, like us, many
    have gone, none has come back.'

Fitzgerald's second edition:
    And lately by the Tavern door agape,
    Stealing through the Door an Angel Shape
    Bearing a vessel on his Shoulder, and
    He bid me taste it, and 'twas the Grape!

New version in Scots:
    Ah met an auld boy ootside Victoria wine,
    Ah asked him if he'd heard ony news.
    He said, 'here, hae a slug o this –
    The news is aa the same.'

But what is the *Ruba'iyat*, who was Omar Khayyam, and who was Edward Fitzgerald? Firstly, the *Ruba'iyat* is a collection of ruba'i. A ruba'i is simply a four lined quatrain verse form. It is a succinct, self-contained poem that usually makes a profound philosophical point or observation. Much the same effect is achieved with a classical Japanese haiku, the humorous observation of a limerick, or a guid auld Scots proverb – 'As the auld cock craws, the young cock learns!'

The *Ruba'iyat*'s pithy, witty verses became popular among the ordinary people of medieval Persia. Viewed as subversive and dangerous the country's authorities tried to ban them. Composed anonymously and circulated in secret, they became firm favourites in the satirical armoury of the Persian intellectual and philosophical elite.

Western readers regard Oriental poetry as being steeped in mysticism and abstraction, yet the ruba'i is often a truly pragmatic and common sense assessment of the realities faced daily by all of us. Full of a strong sense of fatalism, ruba'i veer between pessimism and optimism and back again, exhorting people to live for the moment and seize the day.

Omar Khayyam is probably better remembered today as a mathematician and astronomer instead of the greatest composer of the Persian ruba'i. His theories and work on algebra and geometry were centuries ahead of their time, perhaps the equivalent of Isaac Newton or Einstein. Born in the important trade-route city of Nishapur, situated on the 'Silk Road' (the Golden Road to Samarkand) in 1048, he died at the age of 83 in 1131. He lived through times of great social and domestic upheaval. Northern Persia was constantly under threat and invaded regularly by foreign powers. However during Omar's lifetime there was a period of peace and stability and Nishapur became a renowned centre of intellectual learning. The leading academics of the time willingly embraced the Greek philosophies of Aristotle and Plato. Yet there was a hard-core group of fundamentalist detractors who opposed the new 'free thinkers'.

Scientists throughout history have often been viewed with scepticism and suspicion. Similarly towards the end of his life Omar suffered persecution and victimisation from fundamentalists. One of Omar's students remembered him prophesising that his grave would be in a spot 'where the trees will shed their blossoms on me twice a year!' This prediction seemed impossible to his pupil. Years later, when he visited his old master's grave he found it next to a garden wall supporting pear and peach trees. So much blossom covered the grave that it was almost completely hidden from sight. Recalling his master's prophecy, Omar's pupil broke down and wept by the graveside.

The *Ruba'iyat of Omar Khayyam* is said to be one of the ten best known poems in the world, and probably the most popular piece of

Oriental literature in the Western World. This work could very well have been lost to us, and it is almost a miracle and perhaps an act of fate that the writings of Omar Khayyam should have survived, but survive they did.

A set of almost supernatural circumstances occurred that brought this collection of quatrains to its standing today. Firstly, an unknown middle-eastern scribe saved the writings of Omar Khayyam in the 1460s, by copying 158 of the original quatrains in purple ink on yellow paper and powdered in gold, more than 300 years after Omar's death. This manuscript was then serendipitously re-discovered by Professor Edward Cowell in 1856, after it had mysteriously made it's way to the Bodleian Library, Oxford. Cowell brought the newly discovered Persian manuscript to the attention of Edward Fitzgerald, who had been study-ing the Persian language since 1852.

Struggling with the break-up of a disastrous marriage, Fitzgerald – with his deep and abiding interest in the Victorian fashion for 'Orientalism' – was so taken with these 'Epicurean tetrastichs by a Persian of the eleventh century' that during this period of personal crisis he translated them and created his great literary masterpiece: the first edition of the *Ruba'iyat*. Fitzgerald states in a letter to Cowell on completion of his first draft, that 'My translation will interest you from its form, and also in many respects its detail, very unilateral though it is. Many quatrains are mashed together, *and something lost, I doubt, of Omar's simplicity, which is such a virtue in him*. But there it is, such as it is' [my italics].

Fitzgerald attempted to get his *Ruba'iyat* published and had he not persevered, after being rejected by *Fraser's Magazine* and paid to have his first translated version of 75 quatrains published, it probably would have been no more than a scholarly exercise. The first edition was a commercial and critical failure and the publication itself would have died on Piccadilly Street had Whitley Stokes, a well-known Celtic scholar, not plucked a copy from the London bookseller, Bernard Quaritch. Stokes then gave a copy of Fitzgerald's *Ruba'iyat* to his friend Dante Rossetti in July 1861, and the translation was introduced to the influential literati of the day. Fitzgerald's translation passed from Rossetti to Charles Swinburne to George Meredith to William Morris to Edward Burne-

Jones to John Ruskin to the Brownings and on and on, even to America, and the romantic verses kept gaining in popularity, necessitating more and more editions to be printed.

Over the decades *The Ruba'iyat of Omar Khayyam* has achieved a global cult status of gigantic proportions (just type 'Omar Khayyam' into your search-engine and you'll see what I mean). Edward Fitzgerald died peacefully in his sleep on 14 June 1883. On his grave grows a rose tree cultivated from cuttings from the rose bushes growing on Omar Khayyam's grave in Nishapur.

* * *

But, tae oor tale. One of the key features of the *Ruba'iyat* for me is its beautiful quality of timelessness. Almost a thousand years have elapsed since the *Ruba'iyat* was written, yet the struggle of daily life remains, for the most part unchanged for the majority of ordinary people. The unique language of this new version captures the epic struggles of our mundane existence, portraying the universal problems of the human condition, asking the great unanswered questions that still remain unanswered. I have always believed there exists in Scots poetry the ability to distil great ideas and concepts into a handful of words. This unique ability can only enhance a re-working of the *Ruba'iyat*. The simple language enables us to grasp clearly concepts that could easily be lost or obliterated by the use of a more elaborate language. Robert Burns had this wonderful gift. You only have to consider some of his incomparable work to recognise this:

'The best laid schemes o mice and men
Gang aft agley,
An lea'e us nought but grief an pain,
For promis'd joy!'

Or:

'O wad some Power the giftie gie us
Tae see oursels as ithers see us!'

Scots poetry still exhibits this native ability of expressing fantastic concepts with crystalline clarity, impressive imagery and stunningly beautiful simplicity.

Therefore I decided to try to subtly update the *Ruba'iyat* by using modern imagery, names, phrases and language, to try to re-capture some of that 'simplicity' that Fitzgerald felt he had lost. The *Ruba'iyat* has always appeared to me to be firmly placed in an urban setting. Omar would have been a city dweller. No doubt many of his musings and observations were influenced by his metropolitan lifestyle. Therefore it felt natural to talk of city landscapes, parks and pubs, football stadiums, off-licences, newspaper vendors and down-and-outs. The *Ruba'iyat* in Scots is a conscious Burnsian/Rabelasian celebration of an underclass who are often ignored and therefore remain largely unseen though they are all around us every day. Their primal fears are exactly the same as their Persian forebears, a thousand years ago. Eftir aa, we're aa Jock Tamsons bairns.

Today no one really knows how many hundreds of editions have been printed from Fitzgerald's translations alone, not to mention other English and foreign translations. Now you can sample for yourself the latest version of this remarkable work, set out entirely in Scots.

I wonder what Omar would have to make of it all. Hopefully he'll be sitting, glass in hand, in some celestial tavern. Perhaps Edward Fitzgerald is sitting with him as he casts his observant and sardonic eye over all this, enjoying the joke, and chuckling merrily to himself.

Rab Wilson

The Ruba'iyat of
Omar Khayyam in Scots

1   Aye, ah'm a braw fellah, an handsome tae!
     Ruddy cheeked an stracht as a Scots pine.
     But the answer tae yer question? Ah'm no quite shair
     Whit an why the reasons are that ah wis planted here.

2   Ah wis born wi certain inbuilt restrictions;
     Limitations that hiv knockt me tapsalteerie.
     Ah dasht frae the block at the stairtin gun
     An nou, as ah reach the feenish line, whit wis it made me run?

3   The Wheel o Fortune's spinnin, but it's no duin ocht fir me,
     But then, tae be truthfu, ah nivver expectit it tae.
     Ach, it'll aye be the same, a gemme fur mugs an losers,
     But the shout frae the tables aye the same –
     'There's naebody made ye play'.

4   Ye can search yer soul for answers that've bate better men
         than you,
     An even if ye figured it oot, could ye pruive that it wis true?
     We micht as weel enjoy a hauf
     While we examine aa the clues.

5   If, in yer heart, ye truly professt tae ken it aa
     Jist think hou easy Daith wid be at the last kick o the ba,
     But, the day, jist think aboot it, whit dae ye really ken?
     An the morn, when ye're awa, will it maitter onywey?

STANZA 6

6   Ye'd be as weel tryin tae lay a course o bricks oan the sea,
    As listen tae aa they idiots toutin their daft beliefs.
    An onywey, Rab, wha says that there's a Hell?
    Or a Heaven? Whaur's the pruif? Hae you been there yersel?

7   Weel, ah don't ken, an ne'er dae you, the meanin o it aa;
    An if we hud eternity, we'd baith still fidge and claw.
    Mortality's a puir viewpynt tae try an see things frae
    Beyond it? Well, we'll ne'er ken – we'll no be here tae see.

8   This Earth's jist teemin wi life; whaur did it aa come frae?
    We can aa hae a guess at whit's beyond reality.
    An ah should ken, ah think ah must've listent tae them aa,
    But ah cannae say ah've heard ocht tae enlighten me at aa.

9   The enigma o life beyont the stars
    His gi'en wise men their doubts;
    But tak care no tae lose yer grup oan things
    Fir theories they cannae refute.

10   We're aa oan the Infinity Bus-route,
    Jumpin oan an aff;
    A Grand Mystery Tour wi nae hint o explanation,
    Blinly contemplatin oor eventual destination.

STANZA 16

11   Thon Cosmic Inventor, beaverin awa wi aa his toys
      Suin tires o them, suin loses interest.
      His worst work? Weel, ye could weel unnerstaun,
      But e'en his very best? – *He flings it oot.*

12   Aa thon geniuses oan tea-towels an stamps,
      Ladent doon wi aa the Glitterin Prizes,
      Deep doon, they must've wunnert, 'Whit's it aa aboot?'
      Gie'd us their bedtime stories, then pit oot the licht.

13   Aye, they aa come an go, kiddin theirsels oan.
      Ach! gie's anither drink,
      an ah'll whisper ye a secret:
      It wis aa juist a load ay blethers!

14   We listen't tae aa thae Con men
      Wi their variety-pack opinions o the truth,
      Kiddin oan that they kent it aa.
      Weel, whit did they ken? Whaur ur they nou?

15   Aa thon astrology: 'Ah'm a Taurus, ectually.'
      Bull markets, bullish behaviour – bully fir you!
      Open yer een. Ur ye blin'?
      It's aa a load o bull!

16   Thon young yins, hingin roun the bus stop
      Wi their comfortin bottles o Buckie,
      Blamelessly swillin each bitter moothfu,
      Contemplatin their bitter lives.

17   They niver askt tae be here;
     If they had a choice, they'd raither go
     Awa frae this run-doon dump, whaur, in reality,
     They've nae choice.

18   Whit's tae be gaint frae their comin or gaun?
     Whit's the pynt o their lives?
     They're aa dancin tae the same score: the music o the spheres
     Fadin in – burnin oot.

19   The shame o it. Aa they auld yins jist fadin awa,
     Cut doon in the great celestial harvest.
     The pity, the sorrow – in the blink o an ee,
     Wishes unfulfillt, intae oblivion.

20   Okay. Ye micht've slept wi a whoor or twae,
     An leeved in the fast lane aa yer life,
     When ye come tae the slip road, ye can kiss it aa goodbye,
     An yer life micht as weel hae been juist a dream.

21   Aye! The auld yins, their comrades aa depairtit,
     An happiness a memory, left clutchin
     A gless o their last 'Honest Friend'
     Keep a ticht grup oan it: *it's aa ye've got left.*

22 If only there wis a blink o rest on this lang, lang endless road
When, sittin by the eternal track,
Beside the oil-stained verge,
A green saplin sprung, lik Hope.

23 This place hus only got twa doors: *'In'* an *'Oot'*,
An aa it's got tae oaffir is grief and daith.
If ye'd never leeved a meenit, frae the womb ne'er been torn,
Happiness micht hae been guaranteed –
    if only ye'd ne'er been born.

24 Wha'er thocht up this set-up hus only broke wir hearts;
Even puir wee innocent weans, the loveliest an best,
He's crumpled thaim tae dust again,
An lain thaim in the earth.

25 If ah hud ocht tae dae wi it, if ah wis in control,
Ah wid jist smash it aa tae bits
And bigg a new yin – a shiny new yin,
Whaur we'd aa leeve exactly hou we pleased, and naethin maittert.

26 The blueprint for aathing is aa in the Big Computer.
The keys fur writin *'Good'* or *'Bad'* are worn awa wi time.
Girn an greet aa ye waant, it's too late,
The programme's runnin.

27 An syne it's aa pre-programmed, there's naethin tae be duin,
Sae whit's the pynt in frettin owre the De'il in its details.
You or ah hae little say in ocht, in things ayont oor ken;
It's subtle mysteries are far ayont the realms o mortal men.

28 The sadly expandin universe gies naethin wi'oot takkin
    it awa again.
If the queues o souls waitin tae get on board
Kent whaur they were gaun
They'd mebbes think again.

29 Swirlin through space, oor insignificant Universe,
We prisoners o its eternal perpetual motion.
Ach, hae anither hauf, ye've been tell't often enow,
When closin time comes roun ye'll no get back fir mair.

30 When the dust that ah wis made o wis poundit intae shape
A lot o troublesome stoor wis raised,
An it's nae uise me tryin tae better masel –
Ah'm cast in an unalterable mould.

31 Hou lang ur ye gaun tae gae oan, wi yer religious mumbo-jumbo?
Hell's damnation or Heaven's salvation?
The rules were a set oot a lang, lang time ago,
Afore yer God wis e'en thocht o.

32 This world we're in, jist some surreal illusion.
    Sae dinnae gae oan aboot bein brokenheartit
    Like it or lump it, that's the wey it is,
    An whit's fir ye'll no gae by ye.

33 Frae oot o the cosmos a secret wis haun't tae me:
    Dae ye ken whit they've sentenced me tae?
    If ye kent whit it wis ye wur daein
    Then ye could stop yersel frae daein it.

34 In aa men's hearts there's guid or ill,
    The highs an lows that fate doles oot tae us.
    But they're no decreed bi ony higher haun –
    An onywey that higher haun'll hae it's orders tae.

35 Say cheerio tae yer salad days!
    Spring's a fadin memory an the snaws are approachin.
    That imperceptible clock has gone its roon,
    The chimes o midnicht are ringin!

36 Don't greet tae me cause ye've squandert aa yer gifts;
    The chasm o life is littert wi broken hearts,
    An naebody's cam back frae ayont the grave
    Tae tell us if things are ony better there.

STANZA 39

37 When we were weans we got tocht aa the rules,
An fir a while we made the rules wirsels.
But aye at the end – an here's the rub –
We cam like watter, an went like the wind.

38 Whaur ur aa yer auld frien's noo?
Aa nailed doon, yin eftir the ither.
Yin meenit we were aa drammin at the baur,
But they got fu an left afore the rest.

39 Cast yer een intae space: ye'll no find much cheer there
'Cept promises o daith or Armageddon.
But woe's the day we lose a heart lik yours,
A gem wi'oot price, scattert in the dust.

40 But gazin at the stars – then ye micht learn
The infinite insignificance o men.
We're aa condemnt tae dee, an nae three wishes!
Nae maitter whither ye sell *The Issue*, or bide in some
   big penthoose.

41 A drap o watter faa'n in the sea,
A pairticle o dust faa'n oan the desert.
An whit aboot you?
Is your life o ony greater consequence?

STANZA 47

42   Ye may weel ask: 'Whit's it aa aboot?'
Weel, tae tell the truth, it's a lang, lang story:
An antiquity dredged frae the depths o the ocean
Then let slip tae return whaur it came.

43   Lik some rare creation, nurtured wi tender care,
The Cosmic Maister shows aff his latest novelty,
Then, inexplicably,
Dashes it tae the groun.

44   That delicate circular cup o life,
That e'en a drunk wid be waur o smashin,
Thae fragile seeds, burstin wi hormonal growth
Bound bi aebodys love, torn bi anithers hate.

45   E'en tho yer destiny's aa mappt oot,
Dinnae mak the same auld mistakes.
Fowk lik you are ten a penny.
Tak whit ye can, afore ye're taen yersel.

46   Aye! There's a wheen hus traivellt this road,
But wha's cam back tae tell us aboot it?
Sae tak care an gaither whit ye can:
Ye'll no be back either.

47   Drink wine, fir ye're a lang time deid,
An ye'll fin nae company there.
Sae here's a secret, juist fir you.
They wiltin flooers in yer haun – they'll ne'er bloom again.

48 Ah met an auld boy ootside Victoria Wine,
   Ah askt him if he'd heard ony news.
   He said, 'Here, hae a slug o this –
   The news is aa the same!'

49 Ah've bin a voyager oan this endless highway.
   Ah must've bin tae the ends o the Earth.
   An sometimes ah've juist sat bi the road,
   The lang rollin road o nae return.

50 We're aa juist dancin aboot doon here
   While somebody up there's pu'in the strings – an that's a fact.
   Playing oot oor tired auld pairts,
   Then creepin aff, back intae oblivion.

51 The world's aye been here, an it'll be here yince we're awa,
   Every trace o oor existence erased.
   Afore we got here, we were'na missed,
   An we'll no be missed yince we're awa.

52 As ah walk doon the street, it's as if aabody's sleep-walkin
   Preparin theirsels fir the Big Sleep.
   Ah looked and looked, but aa ah could see wis yins waitin
       tae leave
   An ithers waitin tae arrive.

53 It's an auld pub, *'The Globe'*,
    Nicht an day it's witnessed the same auld tired debates,
    Whaur they pick owre the banes o a hunnert Peles,
    Sift thro the ashes o a hunnert Gazzas.

54 Thon big stadium whaur Pele liftit the cup –
    Wan day it'll aa be ruins.
    Pele, wha huntit an strove fir perfection
    Will, in time, be huntit doon hissel.

55 Ah dreamt an eagle landit on the wa's o Stirling Castle;
    In its talons it grupt Mel Gibson's heid.
    It spak tae him, 'Shame! Shame!
    Whaur are yer fanfares nou, an aa yer glory?'

56 That ruin, that yince vied wi the wunners o the world,
    Whaur kings and princes wance lichtly trod;
    The doos mak nests in its eaves
    An spread their crap aa owre its hallowed wa's.

57 When you and me shuffle aff this mortal coil
    They'll pit up a couple o heidstanes.
    Then we'll jyne yon endless procession o monuments,
    Lik dominos circlin the globe.

58 It disnae maitter whaur oan earth ye place yer feet,
    Ye're steppin oan the dust o yer ancestors;
    Sae bi carefu when ye dicht the muck aff yer shin –
    It micht yince hae been some forgotten princess.

59 Come oan, auld yin, get yersel up earlier in the mornin
    An jyne me watchin thon boy that's siftin soil.
    Saftly whisper tae him, 'Tak it easy, frien,
    Yer riddlin the heroes o the past.'

60 Rose petals float aff oan the mornin breeze,
    Cheeky sparras whistle at the striptease.
    Sit back in the shade an enjoy the show –
    It's guaranteed tae run and run.

61 Happy as a sandboy, ah sat wi ma wine,
    Watchin a big raincloud rollin owre the hill,
    That green playgroun o oor youth,
    But when we're pushin up the daisies wha's playground
        will it be then?

62 Then, as ah watched, some draps o rain fell oan the
        springtime tulips,
    An ah grupt the bottle firmer,
    An ah thocht o the passin seasons
    An wunnert wha'd be sittin here the morn.

63   Aa they flooers growin doon bi the watter,
        Glowin as red as angels lips –
        Ah tiptoed carefully thro them
        So as no tae disturb the angels as they slept.

64   Sittin there oan the grass, enjoyin ma wine,
        Ah laught at the thocht o thae heavenly commodity brokers
        Eyein up oor precious souls, an thocht o aa that lush grass
        Growin frae the discardit containers.

65   Ah watcht a labourer oan a buildin site
        As he stampt doon the concrete,
        Ah laughed again an wunnert,
        'Wha's feet'll be stampin you doon wan day?'

66   Sittin bi the watter's edge
        Ah raised anither gless o hearts desire,
        An wunnert hou mony huv had their dust stamped oot
        In gless or bottles.

67   The ither nicht ah smasht an empty bottle oan the pavement.
        But ah wis drunk.
        An the pitifu shards seemt tae say,
        'Wan day, auld yin, wan day.'

68   So, frae yon hairmless bottle in yer haun,
      Pour yersel a gless, then haun it tae me,
      Cause somewhaur alang the road
      Oor clay micht mingle in some bottle's conception.

69   Ah walkt past thon Gless Factory the ither day,
      Endlessly churnin oot its transparent delichts.
      An ah saw the invisible truth –
      The dust o ma faither in each gleamin creation.

70   If they'd ony sense, they wid stop the production line,
      Pit an end tae this affront,
      Debasing the very substance o ma existence.
      Whit the hell dae they think they're daein?

71   Ah watcht a gless-blawer at work,
      A maister o his trade,
      Unashamedly concoctin his latest maisterpiece
      Frae the saunds o time an the dust o heroes.

72   But, like me, it appeared heart-broken,
      Ensnared by some young lassie.
      The subtlety o its curves remindit me
      O her seductive charms.

73 In the Victoria Wine the ither nicht
The bottles, in their hunnerts, seemt tae spak tae me,
Each expressin its anxiety, an askin,
'Wha made us, an whaur ur we gaun?'

74 If ah'm drunk, sae whit?
An if ye think ah'm a pagan, or a heathen, sae whit?
Everybody waants tae pit their values oan me,
An aa ah want is tae be left alane.

75 Rule Nummer Wan – Get blootert an gae daft,
Free tae believe or disbelieve – there's a religion fur ye!
Then ah wid've taen destiny hersel for a wife –
But her price wis way oot o ma league.

76 Ah'm startin tae believe ah canna dae wi'oot the wine.
Ma body burns at times fir the taste o it.
An ah imagine the horror o ma last braith
When ah'm oaffirt anither gless an canna hae it.

77 Ah weesh ah could hae a barrel o wine
An set masel up wi twa big jugs o it.
Then ah'd kick common sense and religion richt oot the windae
An devote masel monogamously tae Ruby.

78   Yince ah'm awa, ye can scatter ma ashes and tell ma story
     As a sort o lesson tae folk;
     Or mebbes soak them wi Buckie
     An fashion a wee plaister bottle oot o thaim.

79   Wash ma body doon wi wine
     An fin some words in 'The Book' aboot drink.
     An if ye're luikin fir me oan Judgment Day,
     Try the sweepin's o the snug baur's flair.

80   Ah must've soakt up that much wine
     That in the graveyaird, ye'll juist sniff me oot.
     An if some ither jakey should chance on ma remains,
     The fumes'll suin hae him roarin fu.

81   Wan day we'll aa be torn up bi the roots,
     An processt at the Universal Sawmill.
     An if some craftsman should turn oot a wuiden goblet
       oan his lathe
     Ye'll hear me sigh again, when its fill't tae the brim.

82   When ah'm eventually cast oot wi the rest o the deid wuid,
     An ma roots bereft o life,
     Uise the remains tae turn oot a set o goblets
     An watch as the wine resurrects me momentarily back tae life.

83   But when ye're boozin wi the lads, enjoyin the crack,
     Tak a meenit tae remember me;
     Raise a gless, an savour it, an when it's ma turn fur the roun
     Turn doon a gless.

84   See aa thae intellectuals, bein aa nicey-nicey wi wan anither,
     Arguin endlessly aboot life and daith – ye ken whaur it gets
          thaim:
     Thon fellah, sellin *The Times,* bottle haurdly concealt,
     He's tastit a truth they'll ne'er comprehend.

85   Thae judges: they've nevvir duin a real day's work in their lives.
     They dinnae unnerstaun the soberin effects o drink.
     They drink the life-bluid o men, while we drink wine.
     Sae, honestly speakin, which wan is mair guilty?

86   A priest says tae a whoor, 'You're fu;
     Leevin yer life frae meenit tae meenit.'
     She says, 'Aye, faither, yer speakin the truth,
     But ur things really ony different fir yersel?'

87   Some say whoors an drunks are destined fir Hell;
     It's no a theory that ah really subscribe tae.
     But if whoors an drunks are aa gaun tae Hell,
     Then Heaven'll be gey sadly depleted.

88 Aye, they talk aboot the Paradise tae come,
    Whaur we'll aa leeve oan milk an honey.
    But whaur's the hairm in a bit whoorin, or a drink or twae?
    Is that no the only real reward?

89 They can keep their Heaven, wi aa their angels,
    Their cherubs an saints, an choirs an singin.
    Fill me anither gless o wine, an gie's it here –
    Ah'll tak the cash in haun an ye can keep yer pie in the sky.

90 Thon angels tho, in the gairdens o Paradise, they must be
        beautiful, eh?
    But is their beauty comparable tae this gless in ma haun?
    Gie me the cash in haun, an ye can keep yer credit –
    We've listent tae aa thae promises afore.

91 Naebody's evvir seen Heaven or Hell, hiv they?
    Or, at least, naebody's cam back tae tell *us* aboot it.
    Aa they folk pinnin their hopes on it, or leevin in fear o it –
    O some place that exists only in some daft name.

92 When ah wis made, ah wunner if it wis pre-ordained?
    Whither ah wis destined fir Heaven – or Hell?
    Gie's a bottle, a whoor, an some secluded patch o Eden.
    Thon's ma currency, an yer Heaven's a gey puir IOU.

93   We're aa juist leevin a kind of migratory existence.
Imagine hou borin it wid be wi'oot weemin or drink.
Optimists an pessimists hiv aye argued owre the concept
     o reality,
But when we're awa, reality or unreality, it'll be aa the same.

94   An the irony is, ah nevvir askt tae come here in the first place.
An ah'll certainly no be consultit when it's time tae leave:
It'll be, 'Fasten yer seat-belts, an we're awa!'
An the only tears will be red, red wine.

95   At the feenish up it'll be aa the same, frae Tomintoul
     tae Timbuctoo.
An if the gless is smasht, dis it maitter whit wis in it?
Wha cares, because long eftir we're awa
That Moon will still rise an faa.

96   Gie me the ram-stam-steerin boys!
Wine, weemin, an sang.
A gless in ma haun, an a bottle oan the table.
An, dae us a favour: *wheesht! an drink yer drink*'.

97   Young yin, ah think ah must be gaun aff ma heid;
Ma drinkin's jist gettin oot o haun these days,
Ma hair's gaun grey – but, gie's a gless o wine
An ma heart'll be skippin lik a spring lamb.

98 Ach, gie me a bottle o wine, a guid book o poems
    An fowr slice oan cheese. Then you an me,
    Sittin oan the park bench –
    We widna caa the king wir uncle.

99 To be, or not to be – ye ken whit ah mean?
    Aa thae manic highs and deidly depressive lows:
    Yer heid fu o aa that knowledge
    An ye're embarassed tae be seen drawin a sober braith?

100 Ah'm shair it's the wine that's the only thing keepin me gaun,
    An yet ma custom's frownt oan bi ungratefu baur-men.
    There's less than hauf a bottle left frae last nicht.
    But the bottle o life? – *Its measuir'll aye be a mystery!*

101 Fir aa you ken, we don't really exist,
    This hail Universe micht no exist.
    We micht as weel relax and mak the maist o it;
    Here the day and gone the morn.

102 You say ye've seen it aa, an whit hiv ye seen?
    Aa that ye've seen an heard, sae whit?
    Frae yin end o the earth tae the ither, an ye learnt naethin.
    When ye could've steyed at hame, an learnt naethin.

103 E'en suppose yer life wis juist the wey ye waantit it – then whit?
Suppose wance ye'd reached the end o it – sae whit?
Suppose ye could hiv an extra hunnert years, jist daein whit
      ye like
Even anither hunnert years – sae whit?

104 Ah saw this waster sittin oan a park bench,
No a thocht o religion or politics, no a care in the world;
Nae God, nae truth, nae daft laws or certainties:
In this world, or the next, is there a mair courageous fellah?

105 Imagine this big amazin Universe that we leeve in;
Imagine it lik a great big cinema:
The Sun – the projector; the world – the screen;
An oor brief lives flittin briefly across it aa.

106 Every wan o us leaves here empty-haundit;
Oor only reward, loss and ruin –
Naethin; that's aa it's got tae oaffir,
Aathing in the world – it aa adds up tae naethin.

107 An that's exactly whit ah've gained frae it aa – naethin.
The fruit o ma labours – naethin.
The life and soul o the pairty, but when ye lea it – naethin;
Lik a broken bottle o vintage champagne – wirthless.

STANZA III

108 Lik a spark o electricity, that sudden loup o faith,
An a razor's edge atween doubt and certainty,
The maist precious commodity o oor existence,
That infinitessimal moment o beauty.

109 Pleasure? Gae fir it, ye don't get mony chances.
That's the stuff fir heroes.
Aa the wunners o the world – juist a dream, a fancy notion.
Jist kiddin wirsel's oan.

110 Aye! the wine, there's naethin tae beat it,
Since the first sun rose, or the moon crosst the sky.
Ah'm amazed at thae off-licences.
Whit can they possibly buy that's hauf as guid as whit they sell?

111 The moon at its zenith, like a big luminous beach-ba;
Ah taen anither slug oot the bottle, contentit, gazin.
Its eerie licht bounced aff the marble tombstanes,
An ah thocht: 'When these are awa, that Moon'll still be here.'

112 Naebody's got a forecast oan the future,
Sae gie yersel a shake, an cheer up.
Drink wir wine in the moonlicht, auld frien,
The Moon'll aye smile oan drinkers lik us.

113 Days, hours, months gae fleein by,
Sae mak sure an grab yer share o laughter.
There's nae uise greetin owre friens we'll lose the morn,
Gie's the bottle – the nicht's drawin oan.

114 Dae ye ken why cockerels craw sae early in the mornin?
Weel, he's gien ye a warnin – a kind o reminder
That's wan mair nicht awa
An ye're no payin ony attention.

115 Come oan, auld pal; luik! it's the mornin,
Here's the first sip o the day tae pep ye up.
Because wan day we'll aa juist disappear
An when we go we'll no be back.

116 Here's yer darlin, first thing in the mornin,
Singin and swiggin frae a fresh bottle.
Hou mony pals has she serenaded lik this? –
Embracin summer, an kissin guidbye tae the winter?

117 It's the mornin, richt enow. Pour us a gless
Then fling yer empty in yon skip o ruint yesterdays.
Let's no think too much oan the future,
We'll juist tak it easy, and tak things as they come.

118 A fine fresh day, an juist aboot richt.
An early shower waashes the stour aff aa the roses,
The lark's song, risin in flicht
Exalts the praises o oor liquid rose.

119 The summer, the watter, the park –
Twa or three workin lassies hingin aboot.
Brek oot the wine fir the early birds,
Ne'er mind thae meenisters: oor passports tae paradise
    hiv a expired.

120 The freshenin summer breeze feels cool oan yer face,
The sun, lik a ghost, feebly gies its first embrace
As if ashamed tae be seen and tryin tae hide his face,
But whether or no he shines the morn, he's braw the day.

121 The grass an the flooers, are they no bonny?
Mak the maist o them, they're no here lang.
Hae a drink o wine, and pu us a flooer
An we'll sit and watch as it withers awa.

122 Haud oan tae that tulip-stemmed gless in yer haun,
     An while ye've the chance, rosy-cheeked, enjoy yer wine.
     Every turn o this blue planet o oors
     Will see us slowly wither awa tae.

123 We'll baith sit here watchin the rosy dawn,
     The breeze strummin the roses wi its haun.
     We compos-mentis sages o the vine salute its silvery rays
     An smash oor empty bottles oan the groun.

124 Ach! get up an lea aa yer yesterdays ahint!
     Be gled! We'll juist sit here an hae a laugh.
     We ken if there wis ony justice in it aa,
     Your nummer wid ne'er come up lik aa they ithers.

125 Abune oor heids the Universe spins oan,
     Sae drink yer fill while the bottle dis the roun's.
     An dinnae greet, ye're guaranteed tae get yer turn –
     We'll aa get a taste when this yin comes aroun.

126 We micht as weel gie the learnin a bye,
     'Cept fir mibbes the study o the fairer sex
     Sae afore the tide cairts us aa oot tae sea,
     Mak sure an tuim the dregs intae yer gless.

127 The tricklin saund despises evri man
     That sits an greets owre time that's awa,
     Sae raise a gless tae its soothin melody
     Afore they're smasht oan the rocks o time.

128 The Spring comes, an the Winter gaes,
     Turnin the pages o oor lives.
     We can drink aa the drink we like, but no oor tears,
     An wine's the cure fir aa oor sorrows.

129 Afore the world forgets ye, drink wine –
     It banishes aa oor pain.
     Sae, before we disintegrate, cell by cell,
     Undress that beauty, button bi button.

130 C'mon auld pal! Nivver mind the morn's sorrows,
     Jist grab the moment wi baith hauns.
     The morn this auld pub will be empty
     An we'll be in the same boat as aa oor ancestors.

131 Ssshh! While we're ablow thae pitiless starns
     Drink yer wine, we're aa in a world o shit.
     Every wan o us begins an ends in dust.
     Ye're no oan the earth, ye *are* the earth.

132 Gie's some wine, afore ma heart gets broken
Wi life runnin through ma hauns lik mercury.
Watch oot! Oor youth wis fuelled wi watter.
Look oot! The only riches are in oor dreams.

133 Drink wine! Cause this everlastin life,
This, this is as guid as it gets.
These days o wine an roses, friens aa drinkin the gaither,
Enjoy the moment – cause that's aa life is.

134 Trust only the wine, that key tae Shangri-La.
Dae ye hear the music – lik heavenly choirs?
Forget aa thaim that've been and gone
An juist leeve fir the moment: that's the goal.

135 Today, the morn seems juist an impossible dream.
Why waste yer time thinkin aboot it?
Listen tae yer heart! Don't fritter yer time awa:
There's nae guarantee ye'll be here the morn.

136 Whit's the pynt o the world, wi'oot wine?
We'd aa be whistlin in the wind.
When ye look at the state o the world
Conviviality's the only answer: there's naethin else.

137 Hou lang are we gaun tae greet owre whit we huvnae got?
Whether tae solely pursue the path o pleasuir?
Fill the gless – cause thair's nae guarantee
Ye'll breathe oot the next braith ye tak in.

138 If we cannae aa pu thegaither
We'll ne'er win the battle owre lifes sorrows.
Let's aa be happy afore the brek o day:
Mony's the day'll dawn, an we'll no be here tae see it.

139 In a dream ah pit the bottle tae ma mouth,
Searchin fir some hidden secret.
It seemed tae whisper tae me, intimately,
'Enjoy! Enjoy, fir ye'll no be back again.'

140 Khayyam! If ye're drunk, mak the maist o it.
Or if ye're wi a young thing, mak the maist o her.
Syne aathing in this world ends in naethin, juist think yersel
    oot o existence,
An, while ye're there, mak the maist o that tae.

141 The morn ah'm gaun tae stop aa this twa-faced cairry-oan.
Ah'm gaun tae concentrate oan the wine.
Ah widnae like tae reach three-score-an-ten
Then fin oot ah'd left ony stane unturnt.

142　This world's juist a big spherical graveyaird,
　　　　Its rivers aa fill't wi the tears o regrets.
　　　　Hell's juist a nichtmare o oor obsessive guilt;
　　　　Heaven's an image frae some fleetin dream.

143　Hou lang are ye gaun tae kid yersel oan, choclait man?
　　　　Pursuin some daft notion, the meanin o it aa?
　　　　Hae anither drink! A body as miserable as yersel
　　　　Wid be better aff sleepin, or lyin fu.

144　Here's yer darlin – she'll tak yer mind aff the problem,
　　　　An she's brocht a bottle tae cheer us up.
　　　　We'll hae a drink thegaither
　　　　Afore the big man caa's time.

145　Thae holy guys are aye quotin the Buik
　　　　Hou they ken it aa frae an occasional luik.
　　　　Ye'll read as much frae this label in ma haun
　　　　As frae clergymen queuin tae sell the big con.

146　An cause ye dinnae drink yersel, dinnae preach at us
　　　　Or hae some chaip laugh at oor expense.
　　　　Sae dinnae blaw cause ye're teetotal –
　　　　Ye'll hae tastit some stuff that ah couldnae stomach.

147 Here we are, wine an music, snug in the broo corner;
   Happy as Larry, claes staint wi drink.
   Nae hope, an no a care in the world,
   Sittin in oor sanctuary, safe frae aa the elements.

148 An you, sittin there, laughin yer face aff!
   Hou come ye huvnae a gless in yer haun?
   Hiv some wine, cause Time wi its monstrous hauns
   Will no allou ye mony days like this.

149 Sae don't gie us aa that mystical crap
   Aboot life and daith, the Universe an aa that.
   Drink yer wine; we dinnae care whaur we cam frae.
   Cheer up! We dinnae ken whaur we're gaun.

150 The passin o the years, it wid brek yer heart,
   Then, suddentlike, wan day yer soul juist ups and lea's.
   Sit here oan the grass an enjoy the time we hiv;
   Wan day the grass will spring frae oor dust.

151 The mug thon workman drinks his tea frae
   Micht've been mouldit frae the clay o kings.
   The bottle in that jakey's haun
   Could've been blawn frae the dust o some lost princess.

STANZA 152

152 A haunfu o saund in the hour-gless, Eternity's pitifu measuir
Like watter suin owre the lade, or wind blawin throu
    the heather,
Ah've only mind o wan or twa days that passed wi'oot a care:
Yesterday that's nou awa, and the morn that's yet tae be.

153 Nicht an day were here a lang time afore you an me.
This Universe business wis weel establisht.
Nae maitter whaur ye micht've placed yer feet
Ye're staunin oan the smilin een o the past.

154 When everythin seems tae be gaun yer wey
Mak the maist o it, because really ye've nae say in the maitter.
Keep in wi aa they scientists at the cuttin edge;
Mebbes they can explain hou some specks o dust were blawn
    intae existence.

155 Ah dreamt a drucken bird wis fleein roun the gairden:
He thocht the flooers were aa laughin and smilin.
He got really excitit aboot this an whispert tae me,
'Look at these nou, cause when ye're awa, ye'll ne'er see
    the likes again.'

156 Truth an certainty, neither o thaim's guaranteed,
Sae dinnae coont yer chickens afore they hatch.
We better keep the bottle handy juist in case.
We're aa blin fools, drunk or sober.

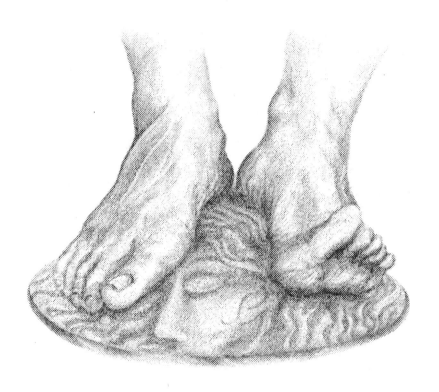

STANZA 157

157　The dirt unner aa thae idiots feet
　　　Micht be the remains o some forgotten beauty;
　　　Evri brick in aa they hooses
　　　The dust o some ancient kings.

158　The secrets are aa kept ahint some mysterious curtain,
　　　An naebody's ever keekt ahint it at the truth;
　　　We'll ne'er ken that truth until we're laid in the groun,
　　　Sae drink wine, cause it's a never-endin story.

159　Ah wis aboot sleepin when this auld yin whispers tae me:
　　　'Ye'll no discover happiness in yer dreams,
　　　Why are ye sleepin? Sleep's like daith!
　　　Drink wine: cause wan day ye'll be able tae sleep fir eternity.'

160　Sittin oan the steps o the kirk in the sunshine
　　　When wan o the lassies comes up an hauns me a bottle.
　　　Ye should've seen thaim sneerin as they passed,
　　　Tho ah wis in ma heaven, they'd me lower than a dug.

161　Wan thing's fir shair: we'll aa go the same road wan day,
　　　Then ye'll mibbes find whit it's aa aboot.
　　　Drink wine – we'll ne'er ken whaur we cam frae.
　　　Be happy – we dinnae ken whaur we're gaun.

162 Ma life's owrecast wi clouds, the hail thing's a mess,
   Disaster's oan the increase, success oan the decrease;
   If God's all-powerfu, he must be the cause o it aa:
   He'll need tae come up wi some answers wan day.

163 Place yer bets, the Big Lottery's aa that's keepin ye gaun,
   An the odds oan life are shortenin aa the time;
   This fragile buildin yer soul shelters in –
   Its foundations are built oan shaky groun.

164 Wine's lik a liquid ruby, mined frae green bottles
   An oor body is the cup fir the wine: wine is its soul.
   Thon crystal gless laughin wi wine
   Is like a tear, a precious tear o our hearts bluid.

165 Every field a flooer e'er grew in
   Has been reddened by the bluid o the nobility.
   Every bunch o violets that e'er sprung frae the groun
   Wis the beauty spot on some stunners face.

166 Gie me a bottle o wine an ah widna caa the king ma uncle.
   It's better than aa the tea in China.
   Every groan a waster heaves up in the mornin
   Is better than aa thae twa-faced hypocrites spoutin thair rubbish.

167 Naethin happens wi'oot a reason fir its happenin,
But that wisnae aye the case;
That's just somethin that we've made up,
An the morn it'll aa change back tae whit it's ayeways been.

168 The young an the auld, aa leeve their lives accordin tae
    their weeshes,
There's naethin permanent in this auld world.
They've aa gone – we'll go tae.
Ithers'll come – they'll go tae.

169 As yin is brocht oot anither yin is snatcht awa,
An not wan o thaim has an inklin whit it's aa aboot.
Destiny decrees tae us the smaa'est o measuirs –
The brief span o a lifetime.

170 Sufferin's guid fir ye.
Thon prisoner trapped in an oyster turns intae a pearl.
Let go o material things. Let yer heid be an empty cup,
Cause when a cup's empty, ye can aye fill it again.

171 Thon wee voice urgin ye doon the road o pleasuir,
It keeps oan sayin, again an again:
Seize the moment! It's aa yours;
Ye're no lik some plant that's bin cut back an can grow again.

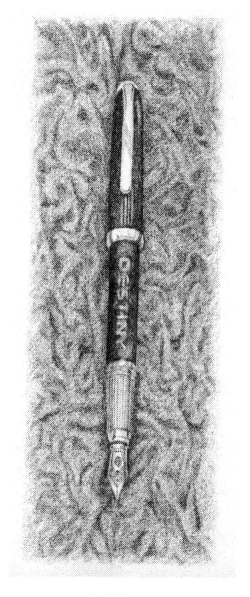

STANZA 174

172 Ma back's bent wi auld age, an ma plans are aa in tatters;
Life wis ready for the offski.
Ah says, 'Dinnae lea me!' but life replied:
'Whit else is tae be duin if the house is faa'n doun?'

173 This big astral wheel keeps oan turnin,
Fuelled voraciously oan wi the lives o men.
Okay, so it husnae eaten you,
But it's early days yet, dinnae worry; it will.

174 Destiny's pen records wi'oot consultin me,
Giein me pluses and minuses as it gaes,
When really, you an me are here today – gone tomorrow,
An when the weichtin up comes, whit'll they base their
evidence oan.

175 Here we are, enrapturt bi scents and smells,
Runnin eftir evri tart that comes along.
Drink yer fill frae the Fountain o Youth or Aqua-Vitae,
But remember, it'll no keep ye afloat forevvir.

176 Ye'll gain naethin until ye've sampled the delichts o poverty –
Nae gain wi'oot the pain.
Control yer carnal aspirations, an learn tae subdue yer ego,
Feel thon lichtness o being, frae a heart that's empty.

STANZA 181

177 Ye wunner hou a supreme being, designin skulls an faces
Could mak sic a hash o it sometimes.
Some say sellers o drink must be less than pure,
But whit aboot the yin that gied us the stuff tae mak it wi?

178 When the rumour gets oot: 'The first rose o Summer's
     in bloom,'
Brek oot the wine, the winter's owre.
Ne'er mind thae angels, pie in the sky, Heaven or Hell –
Eftir aa, they're aa juist rumours tae.

179 Onybody wi hauf a brain
An a hame tae caa his ain –
Noo that's whit ah caa a real happy fellah;
He's got it sussed.

180 Auld fairmer Destiny, he's sown an reapt a wheen lik us,
An greetin aboot it'll get us naewhere.
Fill that gless, gie's it quick an let me drink,
Cause there's naethin new unner the sun.

181 Sae afore ye're mugged bi auld Faither Time,
Mak shair ye get yer last cairry-oot
Cause you're no some priceless treasure
That somebody'll waant tae dig up again.

182 Naebody's unlockt the secret o daith.
Naebody kens whit exists even wan inch the ither side o it.
Evri wan, frae first day apprentices tae managers
Hus hopelessness easily within their reach.

183 Keep yer expectations low and ye'll be richt enow.
     Nevvir mind the guid or bad fate throws in yer wey.
     Get a gless in yer haun an a braw lassie oan yer knee,
     Time flashes by, an contentment's a fragile flooer.

184 Tae gie you aa ma woes wid tak aa nicht,
     But tae see you sae happy fair tak's ma mind aff thaim.
     If only we could depend oan better days aheid –
     But there's aye somethin waitin tae trip us up.

185 The sun cons the flooers oot the groun
     Juist tae stamp them intae the earth again.
     If the clouds sookt up dirt insteid o watter
     The bluid o oor nearest and dearest wid rain till the
          crack o doom.

186 Mak the maist o it an enjoy every passin saicond o life
     But be carefu:
     The biggest investment ye'll e'er mak
     Is the quality o the life ye purchase.

187 They say if ye lead a guid, clean, hailsome life
     Ye're guaranteed anither throw o the dice,
     Ah suppose, in that case, we fornicators an drinkers –
     If we land in heaven, we'll no ken ony difference.

188 Drink wine! It stops ye thinkin aboot the mystery o it aa,
    It cancels oot aa thochts o religion.
    Dinnae be an abstainer, because this is the medicine
    That's guaranteed tae cure aa yer ills.

189 The wisest hearts keep their secrets weel hidden,
    Lik jewelled birds in some tropical forest,
    Juist as Nature forms a perfect pearl
    In the hidden depths o the deepest ocean.

190 First thing in the mornin ye get the dewdrops oan the flooers,
    Their stems droopin in the hauf-licht;
    But the blooms that catch ma ee the maist
    Staun, skirts blawin, at the corners o the square.

191 Ah've ayeways been a great reader,
    Ah've explored every subject unner the sun,
    Three-score-and-ten, thinkin aboot it nicht an day,
    An aa ah've learnt is that ah've learnt naethin.

192 The last ray o hope fades slowly in the gloamin,
    But these fields an hooses will probably aye be here.
    Sae spend aa ye've got amang yer friens;
    Don't lea a single penny tae the opposition.

193 Wan gless o wine is worth aa yer hearts an minds.
     Even wan moothfu is better than aa the crown jewels.
     Rivers o wine runnin owre the face o the earth,
     Countless thousands seduced bi its bittersweet taste.

194 If aa ye hud tae leeve oan fir a couple o days wis a loaf,
     An naethin tae drink except plain watter,
     Then why should ye care aboot folks wi naethin?
     Or even folk in the same boat as yersel?

195 Bring me that priceless gless o rubies
     Ma raggedy-arsed philanthropic frien.
     These days spent in oor haun-tae-mooth existence
     Will suin be gone lik the wind, sae bring me the bottle.

196 Huv you ony idea whit it's aa aboot, frien –
     Wi aa they wirthless theories an daft notions o yours?
     Ye micht as weel relax an enjoy yersel,
     In the grand scheme o things, you dinnae figure at aa.

197 Sae, dinnae sit there brekkin yer heart owre the state
         o the world,
     Get a grip an dae somethin aboot it.
     An if ye're no shair whit's awa an whit's left,
     Cheer up, ne'er mind worryin aboot whit is an whit isnae.

198 Juist fir a meenit imagine ye'd won the lottery,
   An ye were sittin back in the lap o luxury:
   Then, wan nicht, ye observed the dew oan the grass,
   An lik the risin o the sun, realisation suddenly dawnt oan ye.

199 The deid disintegrate intae dirt an dust,
   Slowly, evri molecule o their bein deserts thaim.
   An whit aboot aa that wine they drank aa their days? –
   Nou they've got eternity tae sleep an sober up.

200 There's mair happiness in a bottle o wine than in the
      hail kingdom,
   Each magic gless o it is lik some miracle cure.
   The drunken yawn frae some jakey in the mornin
   Has mair honesty in it than aa their prayers.

201 Drink wine fir everlastin life,
   The source o aa oor youthfu pleasuirs,
   Its fiery taste cancels oot aa oor pain:
   Nou, there's the real usquebaugh! Get it intae ye.

202 If ye're gaun tae drink, dae it wi the Monday Club boys,
   Or some archetypal female beauty.
   Don't get cairriet awa tho, an bum an blaw aboot it,
   Keep yer thochts tae yersel an show a bit o restraint.

203 Get yersel up wi the larks
An fill the gless wi ruby wine.
In this temporary dive, we're aa leevin oan borrowt time,
Longin fir some obscure thing we'll nevvir hae.

204 Frae this revolvin lump o dirt tae Saturn's rings
Ah've searcht fir answers tae evri question unner the sun,
An ah've managed tae unraivel a wheen o thorny problems:
Only the great mystery o daith continues tae baffle.

205 We aa like tae flirt wi the ladies,
A gless o wine in haun, eyein up the Manto,
An hopefully we'll pursue this pleasuirable pastime
Till daith blaws us awa like a spent flooer.

206 Wakin frae sleep, ah reach oot fir the wine bottle
Afore auld Faither Time pours me a stronger brew.
If ye dwelt too much oan the miserable procession o years
Ye wid haurdly hae time tae sip a gless o watter.

207 The wine, it's the first thing tae enter ma heid when ah rise,
Wi nose an cheeks red as a cherry –
Juist lik in thon dream ah hud, whaur ah'm rulin the world,
Giein oot orders, gless in haun.

208 Look at aa thae puir punters, perennial wage slaves:
Whit's the difference if we're here a hunnert years or
juist wan day?
Pour the wine intae the gless
Afore wir aa clay in the brickies yaird.

209 There's nae uise in denyin the obvious.
Wha can unraivel the secrets o eternity?
Sae why is it, sometimes, ye come up wi an idea
That's juist too crazy tae contemplate?

210 Aa thae kirk elders, they sneer at me fir bein a free-thinker,
But ah think they're missin the big pictur aathegaither.
It juist maks me awfy sad:
Ah weesht ah kent whit it wis aa aboot.

211 Guid luck or ill, life's whit ye mak it.
Injustice or drunkenness, ye've naebody tae blame but yersel.
Destination Hell or destination Heaven, the guid an the bad,
An wha kens whit's in store fir ony o us?

212 Ah'm no drinkin the nou, but no because ah'm skint,
Ah'm no drunk, but no because ah'm feart whit folk'll say.
Ah drank because ah enjoyed it,
But since ah met you, ah don't feel like drinkin ony mair.

213 Every nou an again some Hero comes along, sayin:
   'Ah'm the man!'
   He flashes his wealth an fame in yer face: 'Ah'm the man!'
   He parades aboot fir a while, a big-heidit blaw,
   Then Daith jumps oot the alley: 'Naw! Ah'm the man!'

214 Every wan o us is a slave tae the system;
   Ye hardly draw a free braith aa yer days.
   Ah've served ma time fir monys a lang day
   But ah'm still no a maister o the trade.

215 Dinna search fir the happiness that wis yestirday
   Or waste yer time worryin aboot the morn.
   Whit's past is past, an wha kens whit's fir us?
   Enjoy yersel, ye can only spend whit's in yer haun.

216 E'en the blin, in a wey, can see whit's comin,
   Tho the world's fu o confusion an recrimination.
   The great an michty aa disappear
   Leavin only the memory o their smiles.

217 We're aa jist guddlin aboot frae day tae day,
   Then, abruptly, torn oot bi the ruits frae a life o misery.
   Mibbes when we leave, then we'll find true happiness,
   An peace is guaranteed only tae thaim that nevvir arrived.

218 There's naethin tae be gained frae this life,
An there's nae pockets in a shroud – Ah'm off!
An if ye think daith'll nevvir chap *your* door,
Then ye can aa hae a laugh when ah'm awa.

219 Ye'd be better aff at hame wi a fish supper
Than frettin owre whether ye're oan the guest-list or no.
Bein happy wi yer lot is far better
Than sufferin the drivel o aa thae mediocrities.

220 Some spend their days comtemplatin religion,
Ithers search endlessly fir some mystical Nirvana.
It's wan o the great disappointments in life;
They'll aa end up disillusioned.

221 Nevvir mind listenin tae aa thae clock-watchers.
Juist shout thon barmaid owre here wi the wine.
Twa or three worthies wha uised tae drink in here
Hud time caa'd fir thaim bi the Universal Landlord.

222 Drinkin wine, an drammin wi yer cronies,
That's better than leevin some twa-faced
   holier-than-thou existence.
If the whoors an drunks are aa consignt tae Hell
Then St Peter's turnstiles wid be rustit solid.

STANZA 227

223 Dinnae let the misery grind ye doon,
Dinnae let troubles an misfortunes destroy yer happiness.
The future's a mystery fir us aa –
A wummin, a bottle – whitevvir ye enjoy, that's aa that maitters.

224 Short measuirs are best in life (except fir wine)
An it's aye better poured bi some braw baurmaid.
Gettin blootert wi'oot a care – that's the gemme.
Whit treasure's worth mair than a gless o wine?

225 A gless o some priceless vintage is better than onythin,
There's naethin mair important than enjoyin yer wine.
The last bottle on earth – nou whit wid that be worth?
Hou could ye put a price oan that?

226 Aa the essentials o the material world –
It's okay workin juist enow tae get them,
But dinnae gae pittin too much store in baubles an beads,
Dinnae sell yer soul doon the river as chaiply as that.

227 A frien wance tell't me a story
Hou he wance owned a magical talkin dug.
It said: 'In a previous life ah wis a michty emperor:
Look at me nou – a jakey's mongrel.'

STANZA 231

228 Listen tae me, frien, an ah'll tell ye the truth:
Stick wi the wine an the weemin.
Wha'er made the world couldnae gie a toss
Aboot the likes o you an me.

229 Leevin in hope's a pretty fruitless endeavour;
It wid be a long shot bettin yer money oan that yin.
The straits o life grow narrower wi evri daw:
If ah could fin an easy road oot – then ah'd be awa.

230 Get yersel up, an bring yer bottle wi ye,
An we'll hae a wee picnic tae wirsels in thon field.
Ah wunner hou mony lik us hiv sat there
Since this auld world stairtit turnin.

231 You wid scunner fowk wi yer mystical patter,
An ah've nae answer tae aa yer endless puzzles.
We'll aa come tae dust, sae gie's a song insteid.
Whit dis it maitter? Break oot the wine.

232 Nae matter whaur ah've lookt,
This rivers aye appeared heavenly tae me.
Fir aa we ken we could be sittin in Paradise,
Sae come owre, an sit doon here, ma darlin!

233 Tak it easy, an we'll hae a laugh aboot the guid times,
Reminisce aboot aa oor conquests.
Dae ye think they fowk micht be richt
That everythin we dae wis somehou planned oot fir us?

234 As long as we're supplied wi aa the essentials:
Breid an meat an a couple o bottles o wine,
We could juist lie back here in the park
An ah widnae swap ma lot wi the king.

235 When aa the stars crash doon, an we come tae the weichtin up,
Ah think you an me'll be aaricht,
An ah firmly believe – if there's ony justice at aa –
The fowk lik us'll no huv ocht tae worry aboot.

FINIS

Edward Fitzgerald

Edward Fitzgerald was born, the seventh of eight children, on 31 March 1809, at Bredfield House near Woodbridge, Suffolk. His paternal name was Purcell, but the family took the maternal name of Fitzgerald after Edward's maternal grandfather died and left his fortune to the family. Edward's family were very wealthy – they had a town house in London and at least four estates in the country.

In 1826, when he was seventeen, Edward went to Trinity College, Cambridge. During his years there the family lived by the river Orwell, near Ipswich. Edward was a familiar figure in the town, his favourite haunt being the second-hand bookshop kept by James Read, who kept him supplied with fuel for the mind and the imagination, and became his lifelong friend.

Edward was, by all accounts, quite a character, an individualist and a bohemian. Although very wealthy he seems to have led quite an ascetic lifestyle. At Cambridge he indulged his tastes as his spirits moved him, without any apparent ambition or goal. He discursively but extensively read, wrote poetry, played piano, painted in water colours, or generally lazed about. He was an untidy character, often unshaved, dressing as he pleased, and his rooms were constantly littered with clothes, books, music, pictures and pipes. He was tremendous company though, and a great conversationalist. He had a wide circle of friends at Cambridge, amongst them some well-known figures from the Victorian age; Thackeray, Morris, W.B.Donne, and Alfred (later Lord) Tennyson.

Edward completed his degree in 1830 and spent the Spring of that year in Paris. The following sixteen years of his life passed in managing his father's estates, reading omnivorously, writing for his own pleasure and enjoying the company of his literary friends. As he once remarked to Tennyson, 'Here I sit, read, smoke, and become very wise, and am already quite beyond earthly needs.' To Edward's credit though, in an age that had little social conscience, he was stirred by the sight of poverty and did what he could to provide help for the needy.

In 1853 Edward's father died, leaving the bulk of his estates to the family's eldest son, John Fitzgerald. During the following few years Edward moved around quite a bit before taking on what he must have considered to be an obligation of honour when he married Lucy, the daughter of an old family friend, the Quaker poet Bernard Barton, in November 1856. The marriage was not a success and they separated permanently in August 1857.

Curiously, it was during this period of great personal and emotional upheaval that Edward produced his great contribution to art, his *Ruba'iyat of Omar Khayyam*.

The Ouseley manuscript, discovered by Professor Cowell in the Bodleian library in 1856, contained 158 quatrains written in purple ink on yellow paper and powdered in gold. It dates from 1460-61, more than 300 years after the death of Omar. From a transcript he made from Cowell's copy of the original, Fitzgerald selected and compounded for his first edition of the *Ruba'iyat* seventy-five quatrains, on which he worked from 1856-1859. On completion of the first draft Edward wrote to Cowell saying, 'My translation will interest you from its form, and also in many respects its detail, very unilateral though it is. Many quatrains are mashed together, and something lost, I doubt, of Omar's simplicity, which is such a virtue in him. But there it is, such as it is.' Initially the 1859 edition was a failure financially and critically; released almost simultaneously with Darwin's *Origin of Species* it was not very palatable reading for a genteel and morally strait-laced society, but over the next hundred years it grew to be a giant of our literary tradition.

In 1860 Edward took up residence in lodgings above a shop in Woodbridge where he lived until 1873. He was becoming regarded as more and more of an eccentric. The scandal of a divorce in Victorian society in those days made him an ideal target for the village gossips. He took revenge on those gossips a short time later when, after having developed a love of the sea and sailing, he bought a yacht called the *Shamrock* and re-christened it the *Scandal* because, Edward said, 'That scandal was the staple product of Woodbridge!'. In those idyllic years between 1860 and 1873 Edward regularly set out on cruises from the port of Lowestoft.

He finally moved into his last home in 1874, at Little Grange estate on the outskirts of Woodbridge. He was visited there in 1876 by his friend, and poet laureate, Lord Alfred Tennyson.

His remaining years passed quietly, and he died peacefully in his sleep whilst on a visit to his friend the Rev. George Crabbe, grandson of the famous English poet George Crabbe. He was 74 years old. On his grave grows the famous rose-tree, grown from hips picked from the rose-bushes on the grave of Omar Khayyam in Nishapur in 1884.

The real Fitzgerald escapes us though. The creative genius who abridged, concentrated and distilled the work of the Persian master has gone, save for what we glimpse of him in his now famous *Ruba'iyat*.

Fitzgerald's Ruba'iyat of Omar Khayyam

First Edition, as published by Edward Fitzgerald in 1859

1   AWAKE! for Morning in the Bowl of Night
     Has flung the Stone that puts the Stars to Flight:
     And Lo! the Hunter of the East has caught
     The Sultan's Turret in a Noose of Light.

2   Dreaming when Dawn's Left Hand was in the Sky
     I heard a voice within the Tavern cry,
     'Awake, my Little ones, and fill the Cup
     Before Life's Liquor in its Cup be dry.'

3   And, as the Cock crew, those who stood before
     The Tavern shouted – 'Open then the Door!
     You know how little while we have to stay,
     And, once departed, may return no more.'

4   Now the New Year reviving old Desires,
     The thoughtful Soul to Solitude retires,
     Where the WHITE HAND OF MOSES on the Bough
     Puts out, and Jesus from the Ground suspires.

5   Iram indeed is gone with all its Rose,
     And Jamshyd's Sev'n-ring'd Cup where no one knows;
     But still the Vine her ancient ruby yields,
     And still a Garden by the Water blows.

6   And David's Lips arc lock't; but in divine
High piping Pehlevi, with 'Wine! Wine! Wine!
Red Wine!' – the Nightingale cries to the Rose
That yellow Cheek of hers to incarnadine.

7   Come, fill the Cup, and in the Fire of Spring
The Winter Garment of Repentance fling:
The Bird of Time has but a little way
To fly – and Lo! the Bird is on the Wing.

8   And look – a thousand Blossoms with the Day
Woke – and a thousand scatter'd into Clay:
And this first Summer Month that brings the Rose
Shall take Jamshyd and Kaikobad away.

9   But come with old Khayyam, and leave the Lot
Of Kaikobad and Kaikhosru forgot:
Let Rustum lay about him as he will,
Or Hatim Tai cry Supper – heed them not.

10   With me along some Strip of Herbage strown
That just divides the desert from the sown,
Where name of Slave and Sultan scarce is known,
And pity Sultan Mahmud on his Throne.

11   Here with a Loaf of Bread beneath the Bough,
      A Flask of Wine, a Book of Verse – and Thou
      Beside me singing in the Wilderness –
      And Wilderness is Paradise enow.

12   'How sweet is mortal Sovranty!' – think some:
      Others – 'How blest the Paradise to come!'
      Ah, take the Cash in hand and waive the Rest;
      Oh, the brave Music of a *distant* Drum!

13   Look to the Rose that blows about us – 'Lo,
      Laughing,' she says, 'into the World I blow:
      At once the silken Tassel of my Purse
      Tear, and its Treasure on the Garden throw.'

14   The Worldly Hope men set their Hearts upon
      Turns Ashes – or it prospers; and anon,
      Like Snow upon the Desert's dusty Face
      Lightning a little Hour or two – is gone.

15   And those who husbanded the Golden Grain,
      And those who flung it to the Winds like Rain,
      Alike to no such aureate Earth are turn'd
      As, buried once, Men want dug up again.

16 Think, in this batter'd Caravanserai
    Whose Doorways are alternate Night and Day,
    How Sultan after Sultan with his Pomp
    Abode his Hour or two and went his way.

17 They say the Lion and the Lizard keep
    The Courts where Jamshyd gloried and drank deep
    And Bahrám, that great Hunter – the Wild Ass
    Stamps o'er his Head, and he lies fast asleep.

18 I sometimes think that never blows so red
    The Rose as where some buried Caesar bled;
    That every Hyacinth the Garden wears
    Dropt in its Lap from some once lovely Head.

19 And this delightful Herb whose tender Green
    Fledges the River's Lip on which we lean –
    Ah, lean upon it lightly! for who knows
    From what once lovely Lip it springs unseen!

20 Ah, my Beloved, fill the Cup that clears
    TODAY of past Regrets and future Fears –
    Tomorrow? – Why, Tomorrow I may be
    Myself with Yesterday's Sev'n Thousand Years.

21   Lo! some we loved, the lovliest and best
That Time and Fate of all their Vintage prest,
Have drunk their Cup a Round or two before,
And one by one crept silently to Rest.

22   And we, that now make merry in the Room
They left, and Summer dresses in new Bloom,
Ourselves must we beneath the Couch of Earth
Descend, ourselves to make a Couch – for whom?

23   Ah, make the most of what we yet may spend,
Before we too into the Dust descend;
Dust into Dust, and under Dust, to lie,
Sans Wine, sans Song, sans Singer, and – sans End!

24   Alike for those who for TODAY prepare,
And those that after a TOMORROW stare,
A Muezzin from the Tower of Darkness cries
'Fools! your Reward is neither Here nor There!'

25   Why, all the Saints and Sages who discuss'd
Of the Two Worlds so learnedly, are thrust
Like foolish Prophets forth; their Words to Scorn
Are scatter'd, and their Mouths are stopt with Dust.

26   Oh, come with old Khayyam, and leave the Wise
To talk; one thing is certain, that Life flies;
One thing is certain, and the Rest is Lies;
The Flower that once has blown for ever dies.

27   Myself when young did eagerly frequent
Doctor and Saint, and heard great Argument
About it and about; but evermore
Came out by the same Door as in I went.

28   With them the Seed of Wisdom did I sow,
And with my own hand labour'd it to grow:
And this was all the Harvest that I reap'd –
'I came like Water and like Wind I go.'

29   Into this Universe, and *why* not knowing,
Nor *whence,* like Water willy-nilly flowing:
And out of it, as Wind along the Waste,
I know not *whither,* willy-nilly blowing.

30   What, without asking, hither hurried *whence?*
And, without asking, *whither* hurried hence
Another and another Cup to drown
The Memory of this Impertinence!

31   Up from Earth's Centre though the Seventh Gate
      I rose, and on the Throne of Saturn sate,
      And many Knots unravel'd by the Road;
      But not the Knot of Human Death and Fate.

32   There was a Door to which I found no Key:
      There was a Veil past which I could not see:
      Some little Talk awhile of ME and THEE
      There seemed – and then no more of THEE and ME.

33   Then to the rolling Heav'n itself I cried,
      Asking, 'What Lamp had Destiny to guide
      Her little Children stumbling in the Dark?'
      And – 'A blind Understanding!' Heav'n replied.

34   Then to this earthen Bowl did I adjourn
      My Lip the secret Well of Life to learn:
      And Lip to Lip it murmur'd – 'While you live
      Drink! – for once dead you never shall return.'

35   I think the Vessel, that with fugitive
      Articulation answer'd, once did live,
      And merry-make; and the cold Lip I kiss'd
      How many Kisses might it take – and give!

36 For in the Market-place, one Dusk of Day,
    I watch'd the Potter thumping his wet Clay:
    And with its all obliterated Tongue
    It murmur'd – 'Gently, Brother, gently, pray!'

37 Ah, fill the Cup – what boots it to repeat
    How Time is slipping underneath our Feet:
    Unborn TOMORROW, and dead YESTERDAY,
    Why fret about them if TODAY be sweet!

38 One Moment in Annihilation's Waste,
    One Moment, of the Well of Life to taste –
    The Stars are setting and the Caravan
    Starts for the Dawn of Nothing – oh, make haste!

39 How long, how long, in infinite Pursuit
    Of This and That endeavour and dispute?
    Better be merry with the fruitful Grape
    Than sadden after none, or bitter, Fruit.

40 You know, my Friends, how long since in my House
    For a new Marriage I did make Carouse:
    Divorced old barren Reason from my Bed,
    And took the Daughter of the Vine to Spouse.

41   For 'Is' and 'Is – NOT' though *with* Rule and Line,
      And 'UP-AND-DOWN' *without* I could define,
      I yet in all I only cared to know,
      Was never deep in anything but – Wine.

42   And lately, by the Tavern Door agape,
      Came stealing through the Dusk an Angel Shape
      Bearing a Vessel on his Shoulder; and
      He bid me taste of it; and 'twas – the Grape!

43   The Grape that can with Logic absolute
      The Two-and-Seventy jarring Sects confute:
      The subtle Alchemist that in a Trice
      Life's leaden Metal into Gold transmute.

44   The mighty Mahmud, the victorious Lord,
      That all the misbelieving and black Horde
      Of Fears and Sorrows that infest the Soul
      Scatters and slays with his enchanted Sword.

45   But leave the Wise to wrangle, and with me
      The Quarrel of the Universe let be:
      And, in some corner of the Hubbub coucht,
      Make Game of that which makes as much of Thee.

46   For in and out, above, about, below,
      'Tis nothing but a Magic Shadow-show,
      Play'd in a Box whose Candle is the Sun,
      Round which we Phantom Figures come and go.

47   And if the Wine you drink, the Lip you press,
      End in the Nothing all Things end in – Yes –
      Then fancy while Thou art, Thou art but what
      Thou shalt be – Nothing – Thou shalt not be less.

48   While the Rose blows along the River Brink,
      With old Khayyam and Ruby Vintage drink:
      And when the Angel with his darker Draught
      Draws up to Thee – take that, and do not shrink.

49   'Tis all a Chequer-board of Nights and Days
      Where Destiny with Men for Pieces plays:
      Hither and thither moves, and mates, and slays,
      And one by one back in the Closet lays.

50   The Ball no Question makes of Ayes and Noes,
      But Right or Left, as strikes the Player goes;
      And He that toss'd Thee down into the Field,
      He knows about it all – HE knows – HE knows!

51   The Moving Finger writes; and, having writ
       Moves on: nor all thy Piety nor Wit
       Shall lure it back to cancel half a Line,
       Nor all thy Tears wash out a Word of it.

52   And that inverted Bowl we call The Sky,
       Whereunder crawling coop't we live and die,
       Lift not thy hands to *It* for help – for It
       Rolls impotently on as Thou or I.

53   With Earth's first Clay They did the Last Man's knead.
       And then of the Last Harvest sow'd the Seed:
       Yea, the first Morning of Creation wrote
       What the Last Dawn of Reckoning shall read.

54   I tell Thee this – When, starting from the Goal,
       Over the shoulders of the flaming Foal
       Of Heav'n Parwin and Mushtara they flung,
       In my predestin'd Plot of Dust and Soul.

55   The Vine had struck a Fibre; which about
       If clings my Being – let the Sufi flout;
       Of my Base Metal may be filed a Key,
       That shall unlock the Door he howls without.

56   And this I know: whether the one True Light,
Kindle to Love, or Wrath – consume me quite,
One Glimpse of It within the Tavern caught
Better than in the Temple lost outright.

57   Oh, Thou, who didst with Pitfall and with Gin
Beset the Road I was to wander in,
Thou wilt not with Predestination round
Enmesh me, and impute my Fall to Sin?

58   Oh, Thou, who Man of baser Earth didst make,
And who with Eden didst devise the Snake;
For all the Sin wherewith the Face of Man
Is blacken'd, Man's Forgiveness give – and take!

KUZA-NAMA

59   Listen again. One Evening at the Close
Of Ramazán, ere the better Moon arose,
In that old Potter's Shop I stood alone
With the clay Population round in Rows.

60   And, strange to tell, among that Earthen Lot
Some could articulate, while others not:
And suddenly one more impatient cried –
'Who *is* the Potter, pray, and who the Pot?'

61   Then said another – 'Surely not in vain
      My Substance from the common Earth was ta'en,
      That He who subtly wrought me into Shape
      Should stamp me back to common Earth again.'

62   Another said – 'Why, ne'er a peevish Boy,
      Would break the Bowl from which he drank in Joy;
      Shall He that *made* the Vessel in pure Love
      And Fancy, in an after Rage destroy!'

63   None answer'd this; but after Silence spake
      A Vessel of a more ungainly Make:
      'They sneer at me for leaning all awry;
      What! Did the Hand then of the Potter shake?'

64   Said one – 'Folks of a surly Tapster tell,
      And daub his Visage with the Smoke of Hell;
      They talk of some strict Testing of us – Pish!
      He's a Good Fellow, and 'twill all be well.'

65   Then said another with a long-drawn Sigh,
      'My Clay with long oblivion is gone dry:
      But, fill me with the old familiar Juice,
      Methinks I might recover by-and-bye!'

66   So while the Vessels one by one were speaking,
     One spied the little Crescent all were seeking:
     And then they jogg'd each other, 'Brother! Brother!
     Hark to the Porter's Shoulder-knot a-creaking!'

67   Ah, with the Grape my fading Life provide,
     And wash my Body whence the Life has died,
     And in a Windingsheet of Vine-leaf wrapt,
     So bury me by some sweet Garden-side.

68   That ev'n my buried Ashes such a Snare
     Of Perfume shall fling up into the Air,
     As not a True Believer passing by
     But shall be overtaken unaware.

69   Indeed the Idols I have loved so long
     Have done my Credit in Men's Eye much wrong:
     Have drown'd my Honour in a shallow Cup,
     And sold my Reputation for a Song.

70   Indeed, indeed, Repentance oft before
     I swore – but was I sober when I swore?
     And then and then came Spring, and Rose-in-hand
     My thread-bare Penitence apieces tore.

71 And much as Wine has play'd the Infidel,
    And robb'd me of my Robe of Honour – well,
    I often wonder what the Vintners buy
    One half so precious as the Goods they sell

72 Alas, that Spring should vanish with the Rose!
    That Youth's sweet scented Manuscript should close!
    The Nightingale that in the Branches sang,
    Ah, whence, and whither flown again, who knows!

73 Ah Love! could thou and I with Fate conspire
    To grasp this sorry Scheme of Things entire,
    Would not we shatter it to bits – and then
    Re-mould it nearer to the Heart's Desire!

74 Ah, Moon of my Delight who know'st no wane,
    The Moon of Heav'n is rising once again:
    How oft hereafter rising shall she look
    Through this same Garden after me – in vain!

75 And when Thyself with shining Foot shall pass
    Among the Guests Star – scatter'd on the Grass,
    And in thy joyous Errand reach the Spot
    Where I made one – turn down an empty Glass!

Glossary

ALIF *(a'-lif)* The first letter in the Persian alphabet

ALLAH *(al'-lā)* Arabic name for God. The Absolute

AMIR *(a-meer)* Prince

ASSAR *(as'-sar)* Oil pressers

ATTAR *(at'-tār)* Druggist

ATTAR The persian poet Farrid-uddin Attar, author of *The Mantiq al – Tayr*, i.e. Discourse of the Birds

BAHRAM GUR *(bah-ram goor)* Bahram of the Wild Ass, Persian king and hunter

CARAVANSERAI *(kar-a-van'-se-ray)* Inn where caravans rest at night

DANAD He knows, third person singular of *dan*, to know

FANUSI KHIYAL *(fa-noo'-see khee'-yal)* Magic lantern

FERRASH *(fer-rash')* Servant, tent-pitcher

HAFIZ *(ha-fiz)* Persian lyric poet (d. 1389)

HATIM TAI *(ha'-tim tye)* A pre-Islamic Arab famed for his generosity

HIJRA, more commonly **HEGIRA** *(he-jye-ra)* The migration of Muhammad from Mecca to Medina in AD 622 from which Muslims date their era

IMAM *(i-mam)* A Muhammadan leader of prayer

IRAM *(ee-ram)* A fabulous garden supposed to have been planted in Arabia by Shaddád bin Ad

JAMI *(jā-mi)* Persian poet (d. 1492)

JAMSHYD *(Jam-sheed)* Mythical Persian king. According to Firdausi he reigned seven hundred years. His palace was at Persepolis.

JELALUDDIN *(je-lāl-ud-deen)* Malikshah, a Saljuk sultan (1072-1092)

KAIKHOSRU *(Kye-khos-roo)* Mythical Persian king

KAIKOBAD *(kye-ko-bad)* Mythical king

KHORASAN *(kho-ra-san)* The largest of the Persian provinces where Omar was born

KUZA-NAMA *(koo-za na-ma)* Book of Pots, title given to stanzas 59-66, first edition of the *Ruba'iyat*. The Potter metaphorically represents the Creator – the pots human beings. If the Creator has some mishap in our construction or design, thus we are born with handicaps or deformities.

MAH Moon

MAHI Fish

MAHMUD *(mah-mood)* King of Ghazna, b. 969, d. 1030

MIHRAB *(mee-rab)* The niche in a mosque which indicates the direction of Mecca towards which the Muslim worshipper turns in prayer.

MUEZZIN *(moo-ez-zin)* Muhammadan crier of the hour of prayer

MUSHTARI *(mush-ta-ree)* The planet Jupiter

NISHAPUR *(nay-shä-poor)* Nishapur, the city of Khorhsán, Iran, where Omar was born

NOW ROOZ New Year's Day

NIZAM UL MULK *(nee-zam ool moolk)* Vizier to Alp Arslan the Younger

OMAR KHAYYAM *(o-mar khye-yahm)* Persian philosopher, astronomer and poet, author of *The Ruba'iyat*, who died in 1131

PARWIN *(par-ween)* The constellation of the Pleiades

PEHLEVI *(peh-le-vee)* The principal language of the Persians from the third to the ninth centuries AD

RAMAZAN *(ram-a-zan)* Ramadan, the ninth month of the Muhammadan year, devoted to strict fasting

RUBA'IYAT *(roo-bye-yät)* Plural of the Arabic word *ruba'iyah*, a quatrain or stanza of four lines

RUSTUM *(rus-tum)* A mythical Persian hero, son of Zál and father of Sohráb in the *Shah-nama*

SAKI *(sa-kee)* Cupbearer

SHAH-NAMA *The Book of Kings* by Abul Kasim Mansur, better known as Firdausi

SHEIKH *(shaykh)* An Arabian chief; literally, old man

SUBHI KAZIB *(soob-hee kä-zib)* False dawn

SUBI SADIK *(soob-hee sá-dik)* True dawn

SUFI *(soo-fee)* Muhammadan mystic. The elaborate Sufi symbolism was much used by the poets

SULTAN *(sul-tan)* King

TAKHALLUS *(ta-khal-lus)* Pen-name used by Persian poets; for example, Abul Kasim Mansur, author of the *Shah-nama*, called himself Firdausi' from Firdaus which means Paradise. Omar called himself Khayyam. i.e. Tent-maker.

TAMAM *(ta-mäm)* The end

VIZIER *(vi-zeer')* A minister or counsellor of state

ZA'L *(zal)* The father of Rustum

Ruba'iyat of Omar Khayyam in Scots CD

You've read the Ruba'iyat in Scots – now hear it. This audio CD is available to buy mail order direct from the publisher at a special price of £6.99 (RRP £9.99) using this form. To purchase your copy of the **Ruba'iyat of Omar Khayyam in Scots** CD for only £6.99 plus postage and packing (£1 in the UK; £2 overseas), simply complete the form below (or a photocopy thereof) and send it to **Luath Press Ltd, 543/2 Castlehill, The Royal Mile, Edinburgh eh1 2nd, Scotland** with your cheque or credit card details, or phone +44 (0) 131 225 4326, fax +44 (0) 131 225 4324 or email sales@luath.co.uk, or visit www.luath.co.uk where you will also find details of the full range of books published by Luath Press, including *The Luath Scots Language Learner*, *Poems to be Read Aloud*, *Scots Poems to be Read Aloud*, *The Whisky Muse* and Matthew Fitt's acclaimed future-set novel in Scots, *But n Ben A-Go-Go*.

I wish to purchase ____ copies of the **Ruba'iyat of Omar Khayyam in Scots** audio CD at the mail order price of £6.99	£_____
plus ____ copies of **Poems to be Read Aloud** book at £5.00	£_____
plus ____ copies of **Scots Poems to be Read Aloud** book at £5.00	£_____
plus ____ copies of **The Whisky Muse** book at £7.99	£_____
plus ____ copies of **But n Ben A-Go-Go** book at £6.99	£_____
plus ____ copies of **Luath Scots Language Learner** book at £9.99	£_____
plus ____ copies of **Luath Scots Language Learner** double audio CD set at £9.99	£_____
Postage & packing (UK - £1 per order; overseas £2 per order)	£_____
Total	£_____

Name _____

Address _____

_____

_____ Postcode _____

Tick

___ Please find enclosed a £ Sterling cheque made payable to **Luath Press Ltd**

___ Please charge my credit card

Number _____

Type (Mastercard/Visa only) _____ Expiry Date _____

Signature _____

Some other books published by **LUATH** PRESS

POETRY

Tartan & Turban
Bashabi Fraser
ISBN 1 84282 044 3 PB £8.99

Drink the Green Fairy
Brian Whittingham
ISBN 1 84282 045 1 PB £8.99

Talking with Tongues
Brian D. Finch
ISBN 1 84282 006 0 PB £8.99

Kate o Shanter's Tale and other poems [book]
Matthew Fitt
ISBN 1 84282 028 1 PB £6.99

Kate o Shanter's Tale and other poems [audio CD]
Matthew Fitt
ISBN 1 84282 043 5 CD £9.99

Bad Ass Raindrop
Kokumo Rocks
ISBN 1 84282 018 4 PB £6.99

Madame Fifi's Farewell and other poems
Gerry Cambridge
ISBN 1 84282 005 2 PB £8.99

Poems to be Read Aloud
introduced by Tom Atkinson
ISBN 0 946487 00 6 PB £5.00

Scots Poems to be Read Aloud
introduced by Stuart McHardy
ISBN 0 946487 81 2 PB £5.00

Picking Brambles
Des Dillon
ISBN 1 84282 021 4 PB £6.99

Sex, Death & Football
Alistair Findlay
ISBN 1 84282 022 2 PB £6.99

The Luath Burns Companion
John Cairney
ISBN 1 84282 000 1 PB £10.00

Immortal Memories: A Compilation of Toasts to the Memory of Burns as delivered at Burns Suppers, 1801-2001
John Cairney
ISBN 1 84282 009 5 HB £20.00

The Whisky Muse: Scotch whisky in poem & song
Robin Laing
ISBN 1 84282 041 9 PB £7.99

FICTION

Six Black Candles
Des Dillon
ISBN 1 84282 053 2 PB £6.99

Me and Ma Gal
Des Dillon
ISBN 1 84282 054 0 PB £5.99

Driftnet
Lin Anderson
ISBN 1 84282 034 6 PB £9.99

The Fundamentals of New Caledonia
David Nicol
ISBN 1 84282 93 6 HB £16.99

Milk Treading
Nick Smith
ISBN 1 84282 037 0 PB £6.99

The Road Dance
John MacKay
ISBN 1 84282 040 0 PB £6.99

The Strange Case of RL Stevenson
Richard Woodhead
ISBN 0 946487 86 3 HB £16.99

But n Ben A-Go-Go
Matthew Fitt
ISBN 0 946487 82 0 HB £10.99
ISBN 1 84282 014 1 PB £6.99

The Bannockburn Years
William Scott
ISBN 0 946487 34 0 PB £7.95

Outlandish Affairs: An Anthology of Amorous Encounters
Edited and introduced by Evan Rosenthal and Amanda Robinson
ISBN 1 84282 055 9 PB £9.99

LANGUAGE

Luath Scots Language Learner [book]
L Colin Wilson
ISBN 0 946487 91 X PB £9.99

Luath Scots Language Learner [double audio CD set]
L Colin Wilson
ISBN 1 84282 026 5 CD £16.99

Luath Press Limited

committed to publishing well written books worth reading

LUATH PRESS takes its name from Robert Burns, whose little collie Luath (*Gael.*, swift or nimble) tripped up Jean Armour at a wedding and gave him the chance to speak to the woman who was to be his wife and the abiding love of his life. Burns called one of *The Twa Dogs* Luath after Cuchullin's hunting dog in *Ossian's Fingal*. Luath Press was established in 1981 in the heart of Burns country, and is now based a few steps up the road from Burns' first lodgings on Edinburgh's Royal Mile.

Luath offers you distinctive writing with a hint of unexpected pleasures.

Most bookshops in the UK, the US, Canada, Australia, New Zealand and parts of Europe either carry our books in stock or can order them for you. To order direct from us, please send a £sterling cheque, postal order, international money order or your credit card details (number, address of cardholder and expiry date) to us at the address below. Please add post and packing as follows: UK – £1.00 per delivery address; overseas surface mail – £2.50 per delivery address; overseas airmail – £3.50 for the first book to each delivery address, plus £1.00 for each additional book by airmail to the same address. If your order is a gift, we will happily enclose your card or message at no extra charge.

Luath Press Limited
543/2 Castlehill
The Royal Mile
Edinburgh EH1 2ND
Scotland
Telephone: 0131 225 4326 (24 hours)
Fax: 0131 225 4324
email: gavin.macdougall@luath.co.uk
Website: www.luath.co.uk